Neue Geschichten von einem
ganz besonderen Tierarzt
und seinen Patienten.
Mit vielen Bildern
von Rolf Rettich
Loewes Verlag, Bayreuth

Margret Rettich

Tierarzt Doktor Schimmel und Fräulein Maus

CIP-Kurztitelaufnahme der Deutschen Bibliothek

Rettich, Margret:
Tierarzt Doktor Schimmel und Fräulein Maus:
neue Geschichten von e. ganz besonderen Tierarzt
u. seinen Patienten / Margret Rettich.
Mit vielen Bildern von Rolf Rettich.
2. Auflage – Bayreuth: Loewe, 1985.
ISBN 3-7855-1936-2
NE: Rettich, Rolf:

ISBN 3-7855-1936-2 – 2. Auflage 1985
© 1983 by Loewes Verlag, Bayreuth
Umschlag: Rolf Rettich
Satz: Druckhaus Bayreuth
Druck: Oberfränkische Verlagsanstalt, Hof
Printed in Germany

Inhalt

Ein schiefer Hund	13
Siebentausend Ameisen	18
Ein splitternacktes Huhn	23
Ein Krokodil mit Wackelzähnen	28
Eine schlaflose Kuh	33
Ein wild gewordener Papagei	39
Ein nasser Frosch	44
Ein verlaufenes Pony	49
Eine kranke Mülltonne	54
Eine krächzende Nachteule	59
Eine kleine weiße Maus	64
Ein Fuchs mit kaputten Pfoten	68
Ein armes Schwein	73
Ein Elefant mit Bauchweh	78
Drei atemlose Gänse	83
Ein trauriger Esel	88

Doktor Schimmel und Fräulein Maus

Alle Tiere kennen Doktor Schimmel, er ist nämlich ein Tierarzt.

Allerdings kein gewöhnlicher, wie die meisten Tierärzte.

Ein gewöhnlicher Tierarzt weiß zwar, daß bei einem Tier der Kopf vorn und der Schwanz hinten ist. Er kann gebrochene Haxen schienen und zerkratzte Nasen heilen. Er hat auch Pillen gegen Würmer und Durchfall, und er gibt Spritzen gegen alle möglichen anderen Krankheiten. Aber die Sprache der Tiere versteht er nicht. Er kann allenfalls „Wauwau" von „Miau" unterscheiden.

Kein Wunder. Gewöhnliche Tierärzte sind nämlich Menschen.

Doktor Schimmel jedoch ist ein besonderer Tierarzt. Er versteht die Sprache der Tiere. Ihm können die Tiere sagen, wo es ihnen weh tut und was ihnen fehlt. Denn Doktor Schimmel ist selbst ein Tier. Er ist ein weißes Pferd.

Seine Sprechstundenhilfe heißt Fräulein Maus, und sie ist auch eine.

Tag für Tag ist seine Tierpraxis überfüllt. Geduldig warten die Tiere darauf, daß Fräulein Maus die Tür zum Sprechzimmer aufmacht und sagt: „Der nächste, bitte."

Doktor Schimmel hat für jedes Tier, das zu ihm kommt, einen guten Rat und eine gute Medizin, egal, ob es ein dicker, fetter Dackel, ein erschöpfter Wellensittich, ein trauriges Igelkind, eine Kuh mit Schluckauf, eine verknotete Schlange oder sonstwer ist.

Wenn alle Tiere, die im Wartezimmer gesessen haben, behandelt worden sind, macht sich Doktor Schimmel mit Fräulein Maus auf den Weg und besucht die Tiere, die nicht zu ihm kommen konnten.

Fräulein Maus hat sie der Reihe nach in ihr Notizbuch geschrieben.

Kein Tier wird vergessen. Alle bekommen Rat und Hilfe von Doktor Schimmel.

Im Notizbuch von Fräulein Maus
sind diesmal eingetragen:

ein schiefer Hund,
siebentausend Ameisen,
ein splitternacktes Huhn,
ein Krokodil mit Wackelzähnen,
eine schlaflose Kuh,
ein wild gewordener Papagei,
ein nasser Frosch,
ein verlaufenes Pony,
eine kranke Mülltonne,
eine krächzende Nachteule,
eine kleine weiße Maus,
ein Fuchs mit kaputten Pfoten,
ein armes Schwein,
ein Elefant mit Bauchweh,
drei atemlose Gänse und
ein trauriger Esel.

Ein schiefer Hund

„Der nächste, bitte", sagt Doktor Schimmel.

Fräulein Maus schlägt ihr Notizbuch auf und sagt: „Ein schiefer Hund."

„So was kommt nicht alle Tage vor", sagt Doktor Schimmel und macht sich mit Fräulein Maus auf den Weg.

Sie treffen den Hund in seiner Hundehütte an. Er liegt auf dem blanken, harten Holz und ist wirklich vollkommen schief.

Doktor Schimmel schüttelt den Kopf und meint: „Sie liegen zu hart. Sie brauchen weiches Stroh, auf dem Sie sich ausstrecken können."

„Hatte ich ja", knurrt der schiefe Hund, „aber die verflixten Vögel haben es mir weggeholt. Angeblich haben sie es für ihre Vogelnester gebraucht. Kaum ein Hälmchen haben sie mir gelassen. Ihretwegen liege ich jetzt auf dem nackten Holz. Sämtliche Vögel können mir gestohlen bleiben."

„Wenn Sie neues Stroh haben und wieder weich liegen, werden Sie auch wieder gerade werden", sagt Doktor Schimmel.

Der schiefe Hund erwidert: „Ach was. So einfach ist das nicht. Ich bin gar nicht schief, weil ich hart liege. Ich bin schief geworden, weil ich auf das Geflöte und Gezwitscher von einem Vogel hereingefallen bin."

„Sagten Sie nicht, sämtliche Vögel können Ihnen gestohlen bleiben?" fragt Fräulein Maus.

Der schiefe Hund nickt und knurrt: „Ja, das sagte ich. Aber dieser eine Vogel war anders als die anderen Vögel. Während die Meisen, Finken, Amseln und Spatzen mir Halm für Halm mein schönes Stroh wegtrugen, saß er faul auf einem Zweig und machte sich einen guten Tag. Ehrlich, das gefiel mir. Er erzählte mir die tollsten Geschichten, die er im Winter in Afrika erlebt hatte. Er wollte mich sogar beschwatzen, dorthin mitzukommen, obwohl ich doch gar nicht fliegen kann. Die andern Vögel riefen mir zu: ‚Glaub ihm kein Wort, er lügt, er betrügt!' Ich rief zurück: ‚Faßt euch an den eigenen Schnabel!' Leider kam dann der Tag, an dem ich

erkennen mußte, daß die Vögel mit ihrer Warnung recht gehabt hatten. Es regnete. Ich bat meinen Vogelfreund in meine Hundehütte, wo es warm und trocken war. Ich kratzte sogar die letzten Strohhalme in einer Ecke zusammen, um es ihm recht gemütlich zu machen. Er schwatzte dies und das. Es wurde dunkel. Und weil es immer weiter regnete, lud ich ihn ein, über Nacht in meiner Hütte zu bleiben. Am nächsten Morgen lachte die Sonne. Der Vogel war weg, aber er hatte mir ein Andenken hinterlassen."

Doktor Schimmel sagt: „Lassen Sie mich raten. War es ein Ei?"

Der schiefe Hund nickt. Doktor Schimmel fährt fort: „Dachte ich mir doch, daß der Vogel ein Kuckuck war, der seine Eier in fremde Nester legt."

„Meine Hundehütte ist aber kein Vogelnest", sagt der schiefe Hund. „Trotzdem habe ich es nicht übers Herz gebracht, das Ei hinauszuwerfen. Ich habe es ausgebrütet. Und davon bin ich schief geworden."

„Wie nett von Ihnen!" ruft Fräulein Maus. „Sicher werden Sie bald wieder gerade werden."

„Hoffentlich", meint der Hund. „Leider habe ich jetzt neue Sorgen. Der kleine Kuckuck ist ausgeschlüpft und hat nun Hunger. Er verlangt, daß ich ihm Käfer und Würmer bringen soll. Abgesehen davon, daß ich so schief bin, gelingt es mir nicht, so was zu fangen. Ich sehe schwarz für das Vogelkind."

Doktor Schimmel überlegt eine Weile und ruft dann: „Bitte alle Vögel mal herkommen!"

Die Meisen, Finken, Amseln und Spatzen versammeln sich ringsherum auf den Zweigen und zwitschern: „Was ist los?"

Doktor Schimmel sagt: „Erst habt ihr dem Hund das Stroh für eure Nester weggeholt. Dann habt ihr ihn ausgelacht, weil er sich mit einem Kuckuck eingelassen hat. Nun helft ihm aber! Wenn ihr euren eigenen Kindern Würmer und Käfer fangt, gebt ihm bitte welche für sein Vogelkind ab."

„Machen wir gern, Doktor Schimmel!" zwitschern die Vögel.

Und schon fliegt die erste Meise mit einem fetten Engerling in die Hundehütte hinein.

Siebentausend Ameisen

„Der nächste, bitte", sagt Doktor Schimmel.

Fräulein Maus guckt in ihr Notizbuch und sagt: „Siebentausend Ameisen."

„Meine Güte", staunt Doktor Schimmel, „wenn wir die verarzten wollen, müssen wir uns beeilen. Sonst schaffen wir das heute nicht mehr."

So schnell sie können, eilen sie zum Ameisenhaufen.

Dort sieht es schlimm aus. Der Haufen ist zerkratzt und aufgewühlt. In der Mitte klafft ein tiefes Loch. Dort wimmeln Tausende von Ameisen, die winzige gelbe Eier schleppen. Dabei schluchzen sie: „Ach, unsere armen Kinder! Sie werden kein Zuhause haben, wenn sie ausschlüpfen!"

„Was ist denn hier passiert?" fragt Doktor Schimmel erschrocken.

Die Oberameise antwortet: „Eine Katastrophe! Ein Jagdhund hat unseren Ameisenhaufen mit einem Kaninchenbau verwechselt. Das Kaninchen hat sich aus dem Staub gemacht, aber der Hund hat gescharrt und gewühlt, bis alle Kammern und Gänge zerstört waren. Es ist nichts mehr zu retten. Ach, was soll nur aus den Eiern werden, aus denen bald unsere Kinder schlüpfen?"

Doktor Schimmel sagt: „Ihr müßt euch schnell einen Platz für einen neuen Ameisenhaufen suchen. Es muß ein Platz sein, den der Hund nicht findet."

„So einen Platz haben wir schon", antwortet die Oberameise, „leider werden nicht alle von uns heil dorthin gelangen. Bei dem Umzug werden viele auf der Strecke bleiben."

„Das seht ihr zu schwarz", meint Fräulein Maus.

Die Oberameise schüttelt den Kopf und sagt: „Nein, leider nicht. Der neue Platz liegt nämlich am Waldrand jenseits der Autostraße. Wenn wir hintereinander dorthin marschieren, ist die Ameisenkette viele, viele Meter lang. Die Autos werden die meisten von uns überfahren."

Doktor Schimmel stimmt zu. Er kennt die Autostraße und weiß, wie gefährlich sie ist. Er überlegt eine Weile und meint dann: „Vielleicht kann ich euch helfen. Kommt alle mit euren Eiern an den Straßenrand. Dort werden Fräulein Maus und ich euch erwarten."

Während Doktor Schimmel und Fräulein Maus am Straßenrand sitzen und den Autos nachgucken, die von links und von rechts vorbeirasen, fragt Fräulein Maus: „Doktor Schimmel, was haben Sie vor?"

Sie bekommt keine Antwort, denn die ersten Ameisen treffen hochbepackt mit Eiern bei ihnen ein. Doktor Schimmel steht auf und sagt: „Es kann losgehen. Fräulein Maus, führen Sie bitte die Ameisen hinüber auf die andere Straßenseite."

„Wieso ich?" piepst Fräulein Maus erschrocken. „Ich will auch nicht überfahren werden!"

„Niemandem wird etwas passieren! Nur Mut!" sagt Doktor Schimmel. Dann spaziert er mitten auf die Fahrbahn und legt sich hin

Während Fräulein Maus und die Ameisen ihm verblüfft zugucken, kommt das erste Auto. Es bremst kurz vor Doktor Schimmel. Der Autofahrer kurbelt die Scheibe herunter und schimpft. Doktor Schimmel dreht gelassen seinen Kopf zur anderen Seite. Dort stoppt gerade das zweite Auto, und der Autofahrer hupt wie wild. Nach und nach bilden sich auf beiden Seiten lange Autoschlangen.

Fräulein Maus sagt: „Ich glaube, wir können uns unbedenklich auf den Weg machen." Sie trippelt voran. Siebentausend Ameisen marschieren mit Eiern beladen hinter ihr her. Sie kommen sicher zwischen den haltenden Autos hindurch auf die andere Straßenseite. Nachdem als letzte die Oberameise drüben ist, ruft Fräulein Maus: „Geschafft!"

Doktor Schimmel steht auf und verläßt mit zwei, drei Sprüngen die Fahrbahn.

„Sie sind ja ein Held, Doktor", sagt Fräulein Maus voller Bewunderung.

„Übertreiben Sie nicht", antwortet Doktor Schimmel.

Auf der Straße rasen inzwischen wieder die Autos vorbei.

Ein splitternacktes Huhn

„Der nächste, bitte", sagt Doktor Schimmel.

Fräulein Maus sucht in ihrem Notizbuch und liest vor: „Ein splitternacktes Huhn." Dann guckt sie zum Wolkenhimmel hoch und ruft: „Hoffentlich hat es sich nicht erkältet, bis wir kommen!"

„Wir werden uns beeilen", sagt Doktor Schimmel.

Beide rennen schnell zum Bach hinunter, wo das splitternackte Huhn hockt. Böse hackt es sofort Fräulein Maus in den Schwanz und Doktor Schimmel in die Nase. Dann gackert es aufgeregt: „Keinen Schritt näher! Nicht anfassen! Ich wehre mich!"

Doktor Schimmel und Fräulein Maus verziehen sich hinter einen Busch und beratschlagen.

Fräulein Maus meint: „Das Huhn ist bestimmt nicht von hier. Vielleicht stammt es aus Afrika. Dort ist es heiß, und die Hühner laufen nackt herum."

Doktor Schimmel antwortet: „Falls Sie recht haben, frage ich mich: Wie kommt es hierher? Und was will es hier?"

Das splitternackte Huhn hat gelauscht und schreit nun: „Das geht euch einen Dreck an! Schert euch weg!"

Fräulein Maus piepst ratlos: „Was sollen wir nur tun?"

Da hat Doktor Schimmel einen Einfall. Er sagt: „Andere Hühner können bestimmt besser mit diesem Huhn umgehen als wir. Fräulein Maus, darf ich Sie bitten, dort drüben im Schrebergarten nachzufragen. Dort leben einige nette Hennen."

Fräulein Maus macht sich auf den Weg und kommt nach kurzer Zeit mit sechs gutgenährten braunen Hühnern zurück, die sofort freundlich fragen: „Können wir helfen?"

Doktor Schimmel bittet sie: „Versuchen Sie herauszubekommen, was mit dem Huhn da los ist."

Die Hühner gucken sich das splitternackte Huhn an und rufen erschrocken: „Das arme Ding! Es sieht ja schrecklich aus! So nackt! So mager! So heruntergekommen! Was mag ihm passiert sein?"

„Kümmert euch um euern eigenen Kram!" gackert das Huhn böse und hackt auch nach ihnen.

Eins der Hühner meint: „So was haben wir hier noch nie gesehen. Ob es überhaupt ein Huhn ist? Und ob es richtige Eier legen kann?"

„Kann ich wohl!" schreit das splitternackte Huhn und springt hoch. Wo es solange gesessen hat, liegt etwas Krummes, Schiefes – ein winziges Ei. Das Huhn gibt dem Ei einen Schubs, daß es in den Bach rollt. Dann gackert es: „Das war das letzte, das ich gelegt habe. Ab sofort trete ich in den Eierlegestreik. Nie mehr ein Ei!"

„Dann wirst du im Suppentopf landen!" rufen die netten Hühner.

Das splitternackte Huhn antwortet: „Das könnte euch so passen! Deshalb bin ich ja ausgerissen. Wo ich herkomme, gibt es tausend Hühner. Alle hocken in winzigen Drahtkäfigen und legen unentwegt Eier. Wenn sie nicht mehr genug legen, werden sie geschlachtet, gerupft, tiefgefroren und kommen in den Supermarkt."

„Oh! Wie schrecklich!" ruft Fräulein Maus.

Das splitternackte Huhn schreit: „Schrecklich! Ja!

Aber ohne mich! Ich hab' mich totgestellt und rupfen lassen. Auf dem Weg ins Kühlhaus bin ich weggerannt. Niemand darf mich zurückbringen, niemand!" Sofort hackt es wieder wild um sich.

Doktor Schimmel sagt: „Beruhigen Sie sich endlich. Wir wollen Ihnen helfen. Aber wie können wir das?"

Da rufen die sechs netten Hühner: „Wenn das Huhn friedlich ist, kann es mit zu uns kommen. Uns geht es gut. Wir haben einen Stall, reichlich Futter und dürfen im Garten scharren. Wenn wir nicht mehr genug Eier legen, brauchen wir nicht in den Suppentopf. Wir dürfen weiterleben."

Da läuft das splitternackte Huhn mit den andern Hühnern mit.

Als Doktor Schimmel und Fräulein Maus es nach einiger Zeit dort besuchen, erkennen sie es kaum wieder. Es hat schneeweiße Federn und ist gut genährt. Sofort hockt es sich hin, legt ein großes Ei und ruft: „Aus Dankbarkeit!"

Dann rennt es zurück in den Garten.

Ein Krokodil mit Wackelzähnen

„Der nächste, bitte", sagt Doktor Schimmel.

Fräulein Maus studiert in ihrem Notizbuch und sagt: „Ein Krokodil mit Wackelzähnen." Dann piepst sie: „Huch, das ist mir zu gefährlich! Da komme ich lieber nicht mit."

Doktor Schimmel sagt: „Keine Bange. Bleiben Sie immer hinter mir."

Beide machen sich auf zum Fluß.

Dort guckt sich Doktor Schimmel um und ruft: „Hallo! Wo steckt das wackelzähnige Krokodil?"

„Im Schilf!" kichern die Vögel.

„Im Schlamm!" lachen die Frösche.

„Blubb!" machen die Fische.

Doktor Schimmel sucht im Schilf und findet dort tatsächlich im Schlamm das Krokodil. In seinem weitgeöffneten Maul hockt eine Schildkröte.

„Kommen Sie schnell raus! Das Krokodil wird Sie sonst fressen!" schreit Fräulein Maus ganz entsetzt.

Die Schildkröte antwortet gemächlich: „Nein, nein, nein. Das kann es gar nicht."

„Ich verstehe nicht, worum es eigentlich geht", sagt Doktor Schimmel. „Ich wurde zu diesem Krokodil hier gerufen, weil es Wackelzähne hat. Nun stelle ich fest, daß Sie bereits vor mir da waren. Sind Sie etwa eine Zahnärztin?"

„Nein, nein, nein", antwortet die Schildkröte. „Ich sitze nur hier, weil es so schön weich und warm ist. Das Krokodil kann mir nichts anhaben. Ich bin viel zu hart."

„Stimmt!" kichern die Vögel.

„Ganz recht!" lachen die Frösche.

„Blubb!" machen die Fische.

Doktor Schimmel sagt zu der Schildkröte: „Darf ich Sie trotzdem bitten, den Platz zu räumen? Sonst kann ich die Wackelzähne nicht untersuchen."

Langsam kriecht die Schildkröte weg.

Das Krokodil klappt ein paarmal das Maul auf und zu und schimpft: „Diese widerliche Schildkröte ist an allem schuld. Ich wollte Vögel fangen – sie sind mir weggeflogen. Ich wollte Frösche schnappen – sie sind ins Wasser gehopst. Ich wollte Fische angeln – sie sind mir davongeschwommen. Alle waren behender und schneller als ich. Nur diese Schildkröte war so langsam, daß ich sie sofort erwischt habe. Aber sie ist härter als Stein und Eisen. Ich habe auf ihr herumgebissen, bis alle meine Zähne wackelten. Mit Wackelzähnen kann ich nichts mehr kauen. Sicher muß ich jetzt verhungern."

Das Krokodil läßt den Kopf hängen, und dicke Krokodilstränen tropfen in den Schlamm.

Doktor Schimmel meint: „Die Zähne wachsen wieder fest, wenn sie geschont werden. Aber solange dürfen Sie weder schnappen noch beißen. Am besten lassen Sie das Maul weit offen."

„Wenn ich einschlafe, klappt es bestimmt zu", sagt das Krokodil verzagt.

„Vielleicht paßt die Schildkröte auf", schlägt Doktor Schimmel vor.

„Gut, gut, gut", sagt die Schildkröte und nimmt wieder mitten im Krokodilsmaul gemütlich Platz.

„Jetzt ist das arme Krokodil
für uns nur noch ein Kinderspiel",
zwitschern die Vögel und fliegen frech durch das offene Maul hindurch.

„Ein Krokodil mit Wackelzähnen
kann nicht mehr beißen, nur noch gähnen",
quaken die Frösche, hopsen dem Krokodil ins Maul und von dort ins Wasser.

„Blubb!" machen die Fische.

„Vor Krokodilen hab' ich lange
keine Angst und keine Bange",
piepst Fräulein Maus und will ebenfalls dem Krokodil ins Maul klettern.

Doktor Schimmel sagt streng: „Lassen Sie diesen Unsinn, Fräulein Maus. Kommen Sie! Wir müssen noch andere Tiere verarzten."

Eine schlaflose Kuh

„Der nächste, bitte", sagt Doktor Schimmel.

Fräulein Maus sieht im Notizbuch nach und sagt: „Eine schlaflose Kuh."

„Gegen Schlaflosigkeit gibt es viele ausgezeichnete Mittel", sagt Doktor Schimmel.

Aber die Kuh klagt: „Mir hilft kein einziges. Ich könnte umfallen vor Müdigkeit, aber ich kann kein Auge zutun."

Doktor Schimmel überlegt und meint: „Haben Sie es schon mal mit einem Fußbad probiert?"

„Nützt nichts", sagt die Kuh. „Meine Weide ist so naß, daß ich ständig Fußbäder nehme. Ich bleibe trotzdem wach."

Doktor Schimmel überlegt weiter und meint dann: „Vielleicht helfen Ihnen Spaziergänge in frischer Luft."

„Nützen auch nichts", sagt die Kuh. „Ich laufe den ganzen Tag auf der Weide im Freien herum. Ich kann trotzdem nicht einschlafen."

Doktor Schimmel denkt jetzt angestrengt nach. Schließlich meint er: „Das allerbeste Mittel ist Schafezählen."

„Nützt am wenigsten", sagt die Kuh müde. „Ich habe die Schafe bestimmt schon hundertmal gezählt. Es sind immer siebenundsiebzig, keins mehr und keins weniger."

„Dachte ich es mir doch!" ruft Doktor Schimmel. „Sie sind gar nicht ständig wach. Zwischendurch schlafen Sie und träumen. Geben Sie es zu – die Schafe erscheinen Ihnen nachts im Traum."

„Wieso im Traum?" fragt die übermüdete Kuh. „Die Schafe rennen in Wirklichkeit neben meiner Weide herum. Es sind genau siebenundsiebzig Schafe, und alle blöken unentwegt. Das ist ja der Grund, warum ich keinen Schlaf finde."

Doktor Schimmel antwortet: „Warten Sie ab. Der Schäferhund wird die Herde weitertreiben, dann haben Sie wieder Ruhe."

„Der Schäferhund hat doch die Schafe im Stich gelassen", ruft die Kuh. „Ohne Schäferhund wissen die Schafe nicht, wohin. Wenn er nicht wieder auftaucht, werden sie immer neben meiner Weide bleiben und mich mit ihrem blöden Geblöke am Einschlafen hindern."

Fräulein Maus blättert in ihrem Notizbuch und sagt: „Hier steht etwas von einem aufgeregten Schäferhund. Vielleicht gehört er zu der Schafherde."

„Das müssen wir herausfinden", sagt Doktor Schimmel. Er macht sich mit Fräulein Maus und der todmü-

den Kuh auf den Weg. Nach einer Weile begegnen sie einem Hund, der kreuz und quer herumläuft.

Doktor Schimmel ruft dem Hund zu: „Suchen Sie etwas?"

„Ich suche siebenundsiebzig Schafe! Halten Sie mich nicht auf!" ruft der Hund zurück.

Doktor Schimmel sagt: „Mir scheint, Sie sind der aufgeregte Schäferhund. Erzählen Sie uns bitte, was passiert ist. Vielleicht kann Ihnen diese müde Kuh hier sagen, wo die Schafe sind."

Der Schäferhund erzählt: „Ich trieb die Schafherde

an einem Bauernhof vorbei, auf dem meine alte Freundin Asta als Hofhund tätig ist. Asta und ich waren früher einmal verlobt, müssen Sie wissen. Wir hatten uns lange nicht gesehen. Ich setzte mich ein Stündchen zu ihr in die Hundehütte, und wir plauderten. Als ich wiederkam, waren die Schafe weg. Da fing die Aufregung an."

„Kommen Sie mit!" ruft die Kuh und galoppiert, plötzlich hellwach, los.

Der aufgeregte Schäferhund, Doktor Schimmel und Fräulein Maus laufen hinterher.

Sie kommen auf die Weide.

Neben der Weide grasen siebenundsiebzig Schafe.

Der Schäferhund fährt die Tiere wütend an: „Warum seid ihr weggelaufen?"

Als Antwort blöken alle Schafe zur gleichen Zeit.

„Bei diesem Geblöke könnte ich auch nicht schlafen!" ruft Fräulein Maus.

Doch nachdem der Schäferhund die Herde weitergetrieben hat, ist es auf einmal ringsherum ganz still. Die Kuh wirft sich ins Gras, gähnt und schläft fest ein.

Doktor Schimmel und Fräulein Maus schleichen auf Zehenspitzen davon.

Ein wild gewordener Papagei

„Der nächste, bitte", sagt Doktor Schimmel.

Fräulein Maus klappt ihr Notizbuch auf und liest vor: „Ein wild gewordener Papagei, über den sich die Spatzen im Zoo beschwert haben."

Doktor Schimmel und Fräulein Maus eilen sofort in den Zoo und suchen den Papagei.

Rechts brüllen die Löwen.

Links schreien die Tiger.

Hinten jaulen die Wölfe.

Vorn brummen die Bären.

Angstvoll piepst Fräulein Maus: „Ich fürchte mich vor wilden Tieren."

„Nur Mut und keine Bange", beruhigt sie Doktor Schimmel. „Alle wilden Tiere befinden sich ja hinter Gittern."

Plötzlich kreischt irgend etwas ganz in der Nähe so schrecklich, daß Doktor Schimmel einen Satz hinter den nächsten Baum macht und Fräulein Maus in ein Mauseloch schlüpft. Von dort flüstert sie: „Was war das für ein Tier?"

„Keine Ahnung", antwortet Doktor Schimmel. „Es klang schlimmer als Löwen, Tiger, Wölfe und Bären zusammen. Es könnte ein Löwentigerwolfsbär gewesen sein, falls es so ein Tier überhaupt gibt."

„Nein, gibt's nicht!" schreit jemand.

Doktor Schimmel wagt sich hinter dem Baum hervor und guckt sich um. Genau vor ihm sitzt in einem Käfig ein hübscher bunter Papagei.

„Könnten Sie mir bitte sagen, welches Tier hier soeben so entsetzlich gekreischt hat?" fragt Doktor Schimmel.

„Ja, war ich!" schreit der Papagei. Dann reißt er den Schnabel weit auf und kreischt noch einmal so schrecklich wie vorher, daß alle Spatzen auf die höchsten Baumwipfel flüchten und die Köpfe unter den Flügeln verstecken.

„Sind Sie etwa der wild gewordene Papagei, über den man sich beschwert hat?" fragt Doktor Schimmel.

„Klar, bin ich!" schreit der Papagei.

„Tut Ihnen was weh? Haben Sie Kummer? Oder warum sonst machen Sie diesen Spektakel?" fragt Doktor Schimmel weiter.

„Na, warum wohl? Weil ich hinter Gittern bin!" schreit der Papagei und will gerade wieder seinen Schnabel aufreißen.

Doktor Schimmel kommt ihm zuvor und sagt schnell: „Soll ich Ihnen erklären, warum Sie diesen netten Käfig haben?"

„Weiß ich selbst", unterbricht ihn der Papagei jedoch und sagt: „Ich habe nämlich genau gehört, wie der kleine Junge seinen Onkel gefragt hat: ‚Onkel, warum sind Löwen, Tiger, Wölfe und Bären hinter Gittern?' Und ich habe gehört, wie der Onkel geantwortet hat:

‚Weil sie wild sind. Alle wilden Tiere sind hinter Gittern.'"

„Ja, der Onkel hatte recht", sagt Doktor Schimmel.

„Na und?" schreit der Papagei. „Ich bin ebenfalls hinter Gittern. Also bin ich auch wild! Stimmt's oder stimmt's nicht? Ich habe es zwar nicht gewußt, aber jetzt weiß ich es." Und schon reißt der Papagei wieder den Schnabel auf und kreischt dreimal wilder als vorher.

Rechts antworten die Löwen, links die Tiger, hinten die Wölfe und vorn die Bären. Auf den Baumwipfeln piepsen vor Schreck die Spatzen, und im Mauseloch piepst erschrocken Fräulein Maus.

Nur Doktor Schimmel bewahrt die Ruhe.

Er sagt: „Lieber Papagei, Sie haben da etwas falsch verstanden. Zweifellos sind wilde Tiere hinter Gittern, weil sie gefährlich sind. Doch bei Ihnen ist das etwas ganz anderes. Sie haben Ihren hübschen Käfig zu Ihrer eigenen Sicherheit, weil Sie so besonders zahm und friedlich sind."

„Ehrlich?" fragt der Papagei.

„Ehrenwort", sagt Doktor Schimmel.

Da hüpft der Papagei vor Freude auf einem Bein durch den Käfig und ruft: „Ein Glück! Ich bin nicht wild! Ich hatte ja schon Angst vor mir selbst!"

Und dann singt er vergnügt ein Lied, und alle Spatzen zwitschern zur Begleitung mit.

Ein nasser Frosch

„Der nächste, bitte", sagt Doktor Schimmel.
Fräulein Maus guckt ins Notizbuch und liest vor: „Ein nasser Frosch."
Doktor Schimmel meint: „Frösche sind fast immer naß. Demnach ist dies ein leichter Fall."
Aber er irrt sich. Es ist kein leichter Fall. Der Frosch ist nämlich naß, weil er in eine Regentonne gefallen ist, aus der er mit eigener Kraft nicht wieder herauskommt. Weil er sich seit Stunden abstrampelt, ist er müde und erschöpft. Er taucht auf und unter und ruft: „Hilfe! Hilfe! Ich muß ertrinken!"

Mindestens fünfzig andere Frösche hüpfen aufgeregt um die Regentonne herum und rufen ebenfalls: „Hilfe! Hilfe. Er muß ertrinken!"

Doktor Schimmel sagt zu dem Frosch: „Bewahren Sie bitte Ruhe. Ich werde Sie herausfischen. Strampeln Sie nicht so, sonst kann ich Sie ja nicht packen."

Der Frosch ist viel zu aufgeregt und hört nicht zu. Sobald Doktor Schimmel ihn erwischt, zappelt er sich frei und taucht wieder unter. Dabei ruft er weiterhin unentwegt: „Hilfe! Hilfe!"

„Der Fall ist doch ziemlich schwer", sagt Doktor Schimmel. Und Fräulein Maus nickt. „Es müßte jemand in die Regentonne hineinspringen und den Frosch herausholen", sagt Doktor Schimmel. Und Fräulein Maus nickt wieder.

„Leider bin ich selbst ein wenig zu groß dazu", sagt Doktor Schimmel und fährt fort: „Sie, Fräulein Maus, sind klein, gerade richtig."

Diesmal nickt Fräulein Maus nicht, sondern piepst erschrocken: „Verlangen Sie etwa von mir, daß ich ins Wasser springe? Nein, das können Sie nicht verlangen! Ich kann doch nicht schwimmen!"

„Dann ist dieser Fall aussichtslos", sagt Doktor Schimmel.

„Bitte, darf ich mal einen Vorschlag machen?" fragt Fräulein Maus.

Doktor Schimmel nickt.

Fräulein Maus sagt: „Wenn es uns nicht gelingt, den Frosch aus der Regentonne zu holen, müßten wir das Wasser herausholen. Dann kann er nicht ertrinken."

„Das ist ein guter Vorschlag", sagt Doktor Schimmel. Dann fragt er: „Wie bekommen wir aber das Wasser aus der Regentonne?"

„Jemand müßte es austrinken", sagt Fräulein Maus.

Und Doktor Schimmel nickt wieder.

„Leider bin ich selbst ein wenig zu klein dazu", sagt Fräulein Maus und fährt fort: „Sie, Doktor, sind groß, gerade richtig."

Diesmal nickt Doktor Schimmel nicht, sondern ruft erschrocken: „Was? Soll ich etwa die Regentonne austrinken? Da bekomme ich ja einen Wasserbauch!"

„Dann ist der Frosch verloren", sagt Fräulein Maus.

Der Frosch in der Regentonne schreit: „Hilfe! Hilfe! Retten Sie mich doch!"

Die andern Frösche hüpfen noch aufgeregter um die Regentonne herum und schreien ebenfalls: „Hilfe! Hilfe! Retten Sie ihn doch!"

„Also gut", sagt Doktor Schimmel, steckt den Kopf in die Regentonne und beginnt zu trinken.

„Trinken Sie schneller, sonst ertrinkt der Frosch", ruft Fräulein Maus.

Doktor Schimmel trinkt schneller. Von Zeit zu Zeit hebt er den Kopf und stöhnt: „Keinen Tropfen mehr." Dann trinkt er doch weiter. Sein Kopf steckt nun ganz tief in der Regentonne.

Plötzlich schreit der Frosch empört: „He, passen Sie auf! Eben hätten Sie mich fast verschluckt!"

Gleich darauf ist die Tonne leer.

Der Frosch springt in hohem Bogen heraus und hüpft davon.

Die anderen Frösche hüpfen hinterher.

„Nicht mal bedankt haben sie sich", sagt Fräulein Maus. Dann kümmert sie sich um Doktor Schimmel, der starkes Bauchweh hat.

Gegen Bauchweh helfen warme Umschläge.

Nach kurzer Zeit ist Doktor Schimmel wieder wohlauf.

Ein verlaufenes Pony

„Der nächste, bitte", sagt Doktor Schimmel.

Fräulein Maus hat in ihrem Notizbuch nachgesehen und sagt: „Ein verlaufenes Pony."

„Dann hat es eigentlich keine Krankheit, sondern Pech gehabt und braucht einen Detektiv", meint Doktor Schimmel. Trotzdem sieht er sich das Pony an. Es ist noch ganz klein und sehr schüchtern.

Doktor Schimmel fragt: „Wo hast du dich denn verlaufen?"

„Weiß nicht", flüstert das kleine Pony, „es war ja noch ganz dunkel."

Doktor Schimmel überlegt und sagt dann: „Wir werden uns bei der Polizei erkundigen, ob irgendwo ein Pony vermißt wird."

Die Polizei sagt, daß in der Tat ein Pony vermißt wird. Ein kleines rabenschwarzes Pony.

„Schade, es ist ein anderes", sagt Doktor Schimmel.

Dieses kleine Pony, das sich verlaufen hat, ist nämlich nicht rabenschwarz, sondern mausgrau. Es läßt den Kopf hängen. Langsam laufen ihm Tränenbäche an der Nase hinunter.

„Moment mal, ich entdecke da etwas!" ruft Doktor Schimmel.

Fräulein Maus guckt sich nach allen Seiten um und sagt: „Ich entdecke nichts."

„Sehen Sie sich das kleine Pony mal genau an", sagt Doktor Schimmel.

Das tut Fräulein Maus. Nun sieht auch sie, was Doktor Schimmel entdeckt hat. Dort, wo dem Pony die Tränen hinuntergelaufen sind, hat es zwei nasse schwarze Streifen.

„Es ist gar nicht grau, es ist nur sehr staubig", sagt Doktor Schimmel und fragt: „Wo bist du entlanggelaufen?"

„Auf der Landstraße", antwortet das Pony. „Wenn mich Autos überholt haben, mußte ich husten, so staubig war es dort."

„Der Fall ist geklärt", ruft Doktor Schimmel. Er nimmt einen Gartenschlauch und duscht das Pony ab. Doch wenn er geglaubt hat, daß nun das vermißte rabenschwarze Pony vor ihm steht, dann hat er sich geirrt.

Vor ihm steht ein kleines gestreiftes Pony.

„Es ist ja ein Zebra!" ruft Fräulein Maus und staunt.

Doktor Schimmel sagt: „Wenn es ein Zebra ist, gehört es in den Zoo. Wir werden es sofort hinbringen."

Leider wird im Zoo kein kleines verlaufenes Zebra vermißt. Unverrichteterdinge müssen Doktor Schimmel und Fräulein Maus mit ihm wieder abziehen.

„Vielleicht stammt es aus dem Zirkus", sagt Fräulein Maus.

Doch auch im Zirkus haben sie kein Glück. Auch dort ist kein Zebra abhanden gekommen. Nun wissen Doktor Schimmel und Fräulein Maus mit dem kleinen Zebrapony nicht mehr, wohin.

Sie setzen sich zu dritt nebeneinander auf eine Bank im Park und sind ratlos.

Nach einer Weile meint Doktor Schimmel: „Es gibt nur noch einen Ausweg. Wir werden das Pony im Fundbüro abliefern."

Er steht auf und will gehen. Da ruft Fräulein Maus: „Doktor, Sie sind ja auch ein Zebra geworden!"

Doktor Schimmel guckt an sich hinunter. Dann guckt er die Bank an und sagt: „Kein Wunder, die Bank ist frisch gestrichen. Sie, Fräulein Maus, haben sogar ein geringeltes Schwänzchen!"

Plötzlich ruft er: „Mir geht ein Licht auf!" Er fragt das kleine Pony: „Warst du schon mal hier?"

Das gestreifte Pony nickt und antwortet: „Nachdem ich mich verlaufen hatte, habe ich hier gewartet, bis es hell wurde."

Da duscht Doktor Schimmel das kleine Pony, Fräulein Maus und sich sorgfältig mit dem Gartenschlauch ab, bis alle Farbreste heruntergewaschen sind.

Tatsächlich ist das Pony jetzt rabenschwarz.

Doktor Schimmel bringt es zur Polizei.

Die Polizei bringt es nach Hause.

Und Fräulein Maus sagt zu Doktor Schimmel: „Doktor, Sie sind nicht nur ein guter Tierarzt, Sie sind auch ein guter Tierdetektiv!"

Eine kranke Mülltonne

„Der nächste, bitte", sagt Doktor Schimmel.
Fräulein Maus blättert in ihrem Notizbuch und sagt: „Eine kranke Mülltonne."
„Irren Sie sich nicht, Fräulein Maus? Haben Sie richtig aufgepaßt?" fragt Doktor Schimmel. Dann meint er: „Eine kranke Mülltonne ist mir in meiner Praxis noch nie vorgekommen."

„Ich irre mich nie und passe immer auf", sagt Fräulein Maus ein bißchen gekränkt. „Einige Katzen haben sich beklagt, daß die Mülltonne auf ihrem Hof ganz schrecklich piepst, schnappt und keucht."

„Gut, dann wollen wir uns diesen Fall einmal ansehen", sagt Doktor Schimmel.

Sie finden die Mülltonne sofort, denn das Piepsen, Schnappen und Keuchen ist nicht zu überhören.

Fräulein Maus meint: „Wahrscheinlich hat sie sich erkältet."

„Wohl kaum", sagt Doktor Schimmel. „Sie steht in einer warmen, windgeschützten Ecke. Es muß etwas anderes sein."

Er legt sein Hörrohr an die Mülltonne. Da vernimmt er ganz deutlich: „Mistladen! Kuddelmuddel! Lotterwirtschaft!"

Doktor Schimmel klopft und fragt: „Ist vielleicht jemand in der Mülltonne drin?" Dann hält er wieder das Hörrohr dagegen und horcht.

Eine Piepsstimme antwortet: „Dämliche, dußlige Frage! Natürlich ist jemand drin!"

Fräulein Maus hat die Stimme auch vernommen und sagt ängstlich: „Hoffentlich ist es kein Einbrecher."

Doktor Schimmel schüttelt den Kopf und antwortet: „Einbrecher halten sich kaum in Mülltonnen auf."

„Dann ist es vielleicht ein Geist", wispert Fräulein Maus.

„Auch Geister bevorzugen einen anderen Aufenthaltsort", sagt Doktor Schimmel.

Um der Sache auf den Grund zu gehen, gibt er der Mülltonne einen kräftigen Tritt. Sie kippt um, und der Deckel springt auf. Aus der Tonne kullern Blechdosen, Flaschen, Papierknäuel, Apfelsinenschalen und Zigarettenkippen.

Ganz unten steckt eine Plastiktüte, aus der wieder die Piepsstimme kommt: „Wie lange soll ich noch warten, bis Sie mich befreien, Sie taube Nuß!"

„Ich verbitte mir diesen frechen Ton", sagt Doktor Schimmel und wirft einen Blick in die Plastiktüte. Zwischen Salatblättern, Kartoffelresten und Brotrinden kauert ein winziger Goldhamster. Sein Schnurrbart zittert empört.

Doktor Schimmel sagt streng: „Ich nehme an, man hat Sie in die Mülltonne geworfen, weil Sie so unverschämt sind."

„Von wegen unverschämt, Sie Knalltüte!" zetert der Goldhamster. „Aus Versehen bin ich hineingeraten, weil ich genascht habe. Aber das geht Sie einen feuchten Dreck an, Sie alte Niete! Schlimm genug, daß ich piepsen, schnappen und keuchen mußte, bis Sie kamen. Schlamperei! Ich werde mich beschweren! Los, Sie Vogelscheuche, holen Sie mich raus!"

Doktor Schimmel fischt den kleinen Goldhamster aus der Plastiktüte und setzt ihn neben die umgekippte Mülltonne. Dann sagt er zu Fräulein Maus: „Mehr tun wir für diesen Lümmel nicht. Kommen Sie! Auf uns warten andere Patienten, die uns brauchen."

„Halt! Nicht weggehen!" schreit der Goldhamster. „Erst müssen Sie da drüben an der Tür klingeln. Einmal lang und einmal kurz."

„Auch das noch", sagt Doktor Schimmel und klingelt einmal lang und einmal kurz.

Sofort wird die Tür aufgerissen. Eine Frau stürzt heraus. Sie rennt über den Hof und nimmt den kleinen Goldhamster auf den Arm, herzt und küßt ihn und ruft: „Mein Liebling, mein Süßes, mein Sonnenschein! Welch ein Glück, daß ich dich wiederhabe!"

„Welch ein Glück, daß wir ihn los sind", sagt Doktor Schimmel.

Und Fräulein Maus sagt ebenfalls: „Welch ein Glück!"

Eine krächzende Nachteule

„Der nächste, bitte", sagt Doktor Schimmel.

Fräulein Maus sieht in ihrem Notizbuch nach und sagt: „Eine krächzende Nachteule."

Die Nachteule haust in einem uralten Gemäuer, das weit entfernt auf einem Berg liegt. Doktor Schimmel und Fräulein Maus müssen stundenlang laufen, bis sie da sind. Der Wind heult ihnen um die Ohren, und der Regen klatscht ihnen auf das Fell. Während sie den Berg hochklettern, wird es dunkel. Als sie oben anlangen, ist es stockfinstere Nacht.

„Krrr-krrr-krrr", macht es dicht vor ihnen.

Doktor Schimmel sagt: „Obwohl ich nichts sehe, nehme ich an, daß es die Nachteule ist, die hier so krächzt." Und er verordnet ihr: „Machen Sie mindestens eine Woche lang keine Ausflüge bei Wind und Wetter, dann wird sich das Krächzen legen."

„Krrr-krrr-krrr", macht es wieder, dann bekommt Doktor Schimmel einen heftigen Schlag vor den Kopf und setzt sich vor Schreck auf die Hinterbeine.

Fräulein Maus piepst erschrocken: „Doktor, was Sie für die Nachteule gehalten haben, war das alte Tor, das im Wind knarrt und auf und zu schlägt."

„Mich hat es fast erschlagen", stöhnt Doktor Schimmel. Vorsichtig tastet er sich neben Fräulein Maus in das Gemäuer hinein. „Krchz-krchz-krchz", macht es über ihnen.

Doktor Schimmel sagt: „Obwohl es stockfinster ist, nehme ich an, daß dies bestimmt die Nachteule ist, die hier so krächzt." Und er verordnet ihr: „Trinken Sie täglich sieben Tassen Holundertee mit Salbeiblättern, dann wird sich das Krächzen legen."

„Krchz-krchz-krchz", macht es wieder, dann fällt irgend etwas Doktor Schimmel auf den Kopf, und er fällt vor Schreck um.

Fräulein Maus piepst erschrocken: „Doktor, was Sie für die Nachteule gehalten haben, war diesmal ein alter Balken, der geächzt hat und heruntergefallen ist."

„Mich hat er fast erschlagen", stöhnt Doktor Schimmel. Dann sagt er: „Ich habe es jetzt satt. Erst verordne ich einem alten Tor eine Woche lang Ruhe. Dann verordne ich einem alten Balken sieben Tassen Holundertee. Nur die Eule, derentwegen ich hier bin, läßt sich nicht blicken. Kommen Sie, Fräulein Maus, wir gehen! Die Nachteule kann uns gestohlen bleiben."

Doktor Schimmel dreht sich um, stolpert über den Balken und stößt mit dem Kopf gegen die Mauer.

„Lassen Sie uns lieber warten, bis es hell wird", sagt Fräulein Maus.

Doktor Schimmel und Fräulein Maus warten also, während der Wind heult, während das alte Tor auf und zu schlägt und während die Balken über ihnen ächzen.

Allmählich dämmert es.

„Krächz-krächz-krächz", macht es hinter ihnen.

„Geben Sie acht, Doktor! Dies ist wirklich die Nachteule!" ruft Fräulein Maus.

Ehe Doktor Schimmel achtgeben kann, landet die Eule auf seinem Kopf und macht es sich dort bequem.

„Krächz-krächz-krächz, endlich sind Sie da!" ruft sie, dann muß sie laut husten. Sie hustet, daß nicht einmal mehr der heulende Wind zu hören ist. Dann sagt sie erschöpft: „Krächz-krächz-krächz, was macht man dagegen?"

Doktor Schimmel sagt: „Das habe ich bereits dem alten Tor und dem Balken gesagt. Nun sage ich es Ihnen noch einmal: sieben Tage keinen Ausflug bei Wind und Wetter und dazu täglich sieben Tassen Holundertee mit Salbeiblättern. Und nun verziehen Sie sich bitte von meinem armen Kopf, er hat in dieser Nacht schon genug mitgemacht."

Die Nachteule verzieht sich ins Gemäuer.

Doktor Schimmel und Fräulein Maus machen sich auf den Heimweg.

Erst niest Fräulein Maus.

Dann hustet Doktor Schimmel.

Er sagt: „Obwohl ich Holundertee mit Salbeiblättern verabscheue, krächz-krächz, werden wohl auch wir sieben Tassen davon trinken müssen."

Eine kleine weiße Maus

„Der nächste, bitte", sagt Doktor Schimmel.

Fräulein Maus schaut in ihr Notizbuch und sagt: „Eine kleine weiße Maus."

„Was fehlt ihr denn?" fragt Doktor Schimmel.

Das weiß Fräulein Maus leider nicht. Sie weiß nur, wo die Maus lebt: im zwanzigsten Stock eines Hochhauses.

Doktor Schimmel und Fräulein Maus stehen vor dem Hochhaus und gucken hoch.

„Wir müssen den Fahrstuhl nehmen", sagt Doktor Schimmel. Er versucht sich hineinzuzwängen, doch er schafft es nicht. Doktor Schimmel ist zu groß.

Nun versucht Fräulein Maus, allein mit dem Fahrstuhl nach oben zu fahren. Sie schafft es auch nicht. Sie kann nicht an die Knöpfe langen, um den Fahrstuhl zu bedienen. Fräulein Maus ist zu klein.

Doktor Schimmel und Fräulein Maus stehen ratlos auf der Straße. Da schießt eine Schwalbe vorbei.

„Ist etwas passiert?" zwitschert sie.

„Passiert ist nichts, aber Sie könnten uns helfen", sagt Doktor Schimmel. Und er bittet die Schwalbe, die kleine weiße Maus im zwanzigsten Stock zu fragen, was ihr fehlt.

„Mach ich gern", zwitschert die Schwalbe und flitzt hoch. Kurz darauf ist sie wieder da. Sie hat die kleine weiße Maus gleich mitgebracht.

Doktor Schimmel untersucht die kleine Maus gründlich und sagt: „Alles in bester Ordnung. Ihnen fehlt gar nichts."

„Mir fehlt sozusagen alles!" ruft die kleine Maus. „Mir fehlen andere Mäuse. Mir fehlt ein Mäuseloch. Mir fehlt ein netter Mäusemann. Und mir fehlen viele Mäusekinderchen. Ich lebe da oben allein im Hochhaus, nur unter Menschen. Ich will weg!"

Doktor Schimmel nickt voller Verständnis und antwortet: „Vergessen Sie nicht, daß es dabei aber auch einen großen Nachteil für Sie gibt."

„Welchen denn?" fragt die kleine weiße Maus.

Doktor Schimmel sagt: „Mäuse sind mausgrau und deshalb nicht leicht zu entdecken. Sie sind schneeweiß. Jeder Raubvogel und jede Katze sieht Sie sofort. Sie wären ständig in großer Gefahr. Bleiben Sie lieber unter Menschen, da sind Sie in Sicherheit."

„Ach, ich Arme! Gibt es für mich denn gar kein Mäuseglück?" jammert die kleine weiße Maus und weint bitterlich.

Jetzt mischt sich Fräulein Maus ein. Sie sagt: „Ich weiß einen Ausweg. Nicht weit von hier wohnt meine alte Mäusetante. Sie hat mir unlängst gesagt, daß ihr das freie Mäuseleben allmählich schwerfällt. Sie hätte gern ein geborgenes Plätzchen, wo sie ihre Tage in Ruhe und Frieden beschließen kann. Bestimmt würde sie mit der kleinen Maus hier gern tauschen."

Doktor Schimmel sagt: „Jeder würde den Tausch sofort merken. Ihre Tante ist grau, diese Maus ist weiß."

„Nichts einfacher als das!" ruft Fräulein Maus.

Die Schwalbe muß die alte Mäusetante herbeiholen.

Fräulein Maus sagt: „Kommt mal beide mit."

Sie trippelt voran. Die kleine weiße Maus und die Mäusetante trippeln hinterher. Gleich neben dem Hochhaus ist ein Farbengeschäft. Fräulein Maus hat entdeckt, daß neben dem Fenster eine Lüftungsklappe offen ist, durch die sich die drei Mäuse zwängen. Dann huschen sie durch das Geschäft, bis sie die richtigen Farbtöpfe gefunden haben. Die Mäusetante setzt sich in die weiße Farbe. Die kleine Maus planscht in der grauen Farbe herum.

Nach einer Weile sieht Doktor Schimmel, wie Fräulein Maus mit einer grauen und einer weißen Maus zurückkommt. Als er genau hinguckt, merkt er, was geschehen ist.

Er ruft: „Das ist ja nahezu perfekt! Sie sind ein Genie, Fräulein Maus!"

Die Schwalbe muß noch einmal helfen. Sie trägt die Mäusetante hoch in den zwanzigsten Stock. Dann klettert die kleine Maus auf ihren Rücken. Sie ruft, während die Schwalbe startet: „Sobald ich einen Mäusemann gefunden habe, lade ich Sie zur Hochzeit ein!"

„Wir kommen gern!" rufen Doktor Schimmel und Fräulein Maus hinter ihr her.

Ein Fuchs mit kaputten Pfoten

„Der nächste, bitte", sagt Doktor Schimmel.

Fräulein Maus buchstabiert in ihrem Notizbuch: „Ein Fuchs mit kaputten Pfoten."

„Dem armen Kerl wollen wir schnell helfen", sagt Doktor Schimmel.

Sie finden den Fuchs unter einer Hecke, wo er sich wälzt und stöhnt und jammert. Seine vier Pfoten sehen schlimm aus. Doktor Schimmel bestreicht sie mit Salbe und wickelt um jede Pfote einen dicken Verband.

„Das arme Füchslein!" kichert ein Kaninchen und macht einen Kopfstand.

„Kann uns nichts mehr tun!" stichelt ein Hamster.

„Muß seine Pfoten ganz stillhalten!" hänselt ein Dachs.

Ringsherum lästern Elstern, Wachteln, Feldmäuse, Fasane, Hasen und Schnepfen.

Fräulein Maus ruft erbost: „Hat denn niemand hier Mitleid mit dem Fuchs?"

„Kein bißchen!" kreischt eine Elster, und die Tiere hüpfen vergnügt herum.

„Ruhe!" ruft Doktor Schimmel. Dann sagt er zum Fuchs: „Erzählen Sie doch bitte, wie Sie sich die Pfoten so verletzt haben."

„Ja, erzähl doch mal!" schreien die Tiere aufgekratzt.

Der Fuchs steckt ihnen die Zunge heraus und sagt: „Alles ist schnell erzählt. Jedermann weiß, daß ich gern ein wenig grabe und wühle, wenn ich irgendwo in der Erde ein Loch finde."

Sofort mischen sich die Tiere ein und schreien: „Dann will er uns fangen! Er will unsere Wohnungen zerstören! Er will unsere Kinder fressen!"

Der Fuchs faucht wütend zurück: „Ihr quatscht so dumm, weil ihr es nicht besser wißt. Kein Wort ist wahr, das ihr sagt. Wenn ich ein Loch entdecke, denke ich nur: Vielleicht liegt da ein Schatz vergraben. Und nur aus Spaß wühle ich ein bißchen herum."

„Stimmt nicht!" schreien die Tiere. „Der Fuchs will uns an den Kragen! Wir hatten alle Angst vor ihm!"

„Aber jetzt nicht mehr!" kichert das Kaninchen und macht einen zweiten Kopfstand.

Die anderen Tiere nicken und rufen: „Wir haben ihn nämlich angeführt!"

Fräulein Maus raunt Doktor Schimmel zu: „Ich glaube, die Tiere wissen mehr als der Fuchs."

„Erst berichtet der Fuchs zu Ende", ordnet Doktor Schimmel an.

Der Fuchs sagt: „Viel ist nicht mehr zu erzählen. Gestern entdeckte ich mal wieder solch ein schönes Loch. Ich buddelte tiefer und tiefer. Doch anstatt auf ein warmes weiches Nest zu stoßen, geriet ich an lauter spitzes scharfes Zeug und riß mir alle vier Pfoten wund."

Aufgeregt piepst Fräulein Maus: „Doktor, haben Sie gehört? Der Fuchs hat sich verraten! Er hat gar nicht nach einem Schatz gesucht, sondern nach einem Nest!"

Doktor Schimmel nickt und sagt: „Ja, ich habe es auch gehört. Ich muß sagen, dem Fuchs ist recht geschehen, und er hat eine Lehre bekommen. Doch wer mag sie ihm erteilt haben?"

„Na, wer wohl? Wir alle miteinander!" rufen die Tiere.

Dann berichtet das Kaninchen: „Seit der Fuchs hier herumstreicht, war niemand von uns vor ihm sicher. Er raubte unsere Vorräte, zerstörte unsere Wohnungen und schnappte uns die Kleinen weg. Und immer behauptete er, er suche nur nach einem Schatz. Den hat er jetzt gefunden!"

Das Kaninchen macht vor Vergnügen einen dritten Kopfstand und fährt fort: „Wir haben fünf Nächte alle miteinander daran gearbeitet. Erst haben wir eine tiefe Grube gewühlt. Dann haben wir alles hineingeworfen, was spitz und scharf ist: Steine, Scherben, rostige Nägel und altes Blech. Wir haben die Grube wieder zugescharrt und nur ein Loch offengelassen, wie zu einem Bau. Der Fuchs ist darauf reingefallen."

Alle Tiere wollen sich ausschütten vor Lachen.

Der Fuchs faucht sie an: „Zweimal falle ich nicht auf euch herein. Ich verdrücke mich hiermit und grabe woanders nach Schätzen."

Dann humpelt er mühsam auf seinen verbundenen Pfoten davon.

Ein armes Schwein

„Der nächste, bitte", sagt Doktor Schimmel.
Fräulein Maus blickt ins Notizbuch und sagt: „Ein armes Schwein. Mitten im Wald."
„Das ist bestimmt ein Wildschwein", sagt Doktor Schimmel und begibt sich mit Fräulein Maus in den Wald hinein. Nachdem sie eine Weile gewartet haben, teilen sich die Büsche, und das Schwein erscheint. Es ist jedoch kein Wildschwein, sondern ein ganz gewöhnliches Hausschwein, das nur reichlich verwildert aussieht. Es ist mager und so müde, daß es sich kaum auf den Beinen halten kann.

Doktor Schimmel fragt: „Was tun Sie hier im Wald? Warum sind Sie nicht im warmen Stall?"

„Wetten, daß ich nichts tue?" grunzt das Schwein. „Ich fresse nicht. Ich schlafe nicht. Ich bin nur so da."

„Das wird aber ein schlimmes Ende nehmen", ruft Fräulein Maus.

Das arme Schwein nickt und antwortet: „Wetten, daß Sie recht haben? Anfangs hat es mir ja im Wald ganz gut gefallen. Die Bäume rauschten, die Vögel sangen,

und die Sonne schien. Aber wetten, daß ich Hunger bekam? Und wetten, daß es im ganzen Wald keinen Futtertrog gibt? Doch es kam noch schlimmer. Wetten, daß ich müde wurde? Und wetten, daß es im ganzen Wald kein Stroh zum Schlafen gibt? Nicht fressen, nicht schlafen – ich bin das allerärmste Schwein weit und breit."

„Halb so schlimm", meint Doktor Schimmel, „wir bringen Sie einfach in den Stall zurück, wo es weiches Stroh und einen vollen Trog für Sie gibt."

„Nein, bitte nicht!" grunzt das arme Schwein erschrocken.

„Warum denn nicht?" fragt Doktor Schimmel.

„Dann habe ich meine Wette verloren", grunzt das Schwein.

„Welche Wette denn?" rufen Doktor Schimmel und Fräulein Maus gleichzeitig.

Da sagt das Schwein: „Na, die Wette mit dem Wildschwein. Wir haben gewettet, daß ich im Wald leben kann und das Wildschwein im Stall. Wollen wir auch wetten?"

„Nein", sagt Doktor Schimmel streng, „Sie wollen überhaupt viel zu oft wetten. Kommen Sie lieber mit. Wir wollen mal sehen, wie es dem Wildschwein im Schweinestall ergangen ist."

Das arme Schwein trabt hinter Doktor Schimmel und Fräulein Maus her.

Alle stecken den Kopf zur Stalltür hinein. Das Wildschwein wälzt sich auf dem Stroh und jammert: „Luft! Luft! Ich ersticke ja! Und ich verhungere! Dieses Futter im Trog ist zum Ko..."

„Was meinen Sie?" fragt Fräulein Maus.

„Zum Kochen zu schade, meine ich", grunzt das Wildschwein.

Doktor Schimmel fragt: „Geht es Ihnen etwa nicht gut?"

„Superschlecht geht es mir", schimpft das Wildschwein, „wie konnte ich nur auf diese dämliche Wette eingehen? Aber das blöde Schwein da will ja ständig wetten. Ihm zu Gefallen habe ich mitgemacht. Und nun geht es mir so schlecht."

Doktor Schimmel sagt: „Trösten Sie sich. Dem anderen Schwein geht es ebenso schlecht wie Ihnen. Entweder haben beide die Wette gewonnen oder beide verloren."

Da springt das Wildschwein auf, rennt nach draußen, springt in die Luft und ruft: „Wette hin, Wette her! Mir ist alles egal. Ich will in meinen Wald zurück!"

Und schon ist es verschwunden.

Das andere Schwein liegt längst im Stall auf dem weichen Stroh und schmatzt den Futtertrog leer. Dabei grunzt es glücklich und zufrieden.

Doktor Schimmel sagt: „An Ihrer Stelle würde ich nun das Wetten sein lassen."

„Geht nicht", sagt das Schwein, „ich muß wetten. Ich bin doch ein Wettschwein."

Fräulein Maus staunt. Sie ruft: „Ein Wettschwein? Was ist denn das? Ich kenne nur Sparschweine und Dreckschweine und Glücksschweine. Aber Wettschweine kenne ich nicht."

„Vielleicht hat sich das Schwein verhört", sagt Doktor Schimmel. „Vielleicht ist es kein Wettschwein, sondern ein Fettschwein."

„Ja! Das bin ich!" ruft das Schwein. „Na, solch ein Glück! Ich habe sowieso jede Wette verloren. Von nun an wette ich nicht mehr, sondern fresse nur noch."

Und es leckt auch den letzten Rest aus dem Futtertrog.

Ein Elefant mit Bauchweh

„Der nächste, bitte", sagt Doktor Schimmel.

Fräulein Maus liest in ihrem Notizbuch und sagt: „Ein Elefant mit Bauchweh."

„Wo befindet sich der bedauernswerte Elefant?" fragt Doktor Schimmel.

„Im Zoo", sagt Fräulein Maus, und beide machen sich sofort auf den Weg.

Schon von weitem hören sie den Elefanten schrecklich husten. Er liegt auf dem Rücken und streckt die Beine in die Luft. Sein Bauch ist dick wie ein Ballon.

Doktor Schimmel wandert dreimal um den Elefanten herum, schüttelt den Kopf und fragt endlich: „Wodurch haben Sie sich erkältet?"

„Wieso denn erkältet? Ich habe doch Bauchweh!" ruft der Elefant.

„Sie husten, also sind Sie erkältet. Das ist eine alte Erfahrung", belehrt ihn Doktor Schimmel.

Aber Fräulein Maus ruft dazwischen: „Ich huste auch, wenn ich nicht erkältet bin. Nämlich dann, wenn ich mich verschluckt habe."

Doktor Schimmel sagt streng: „Behalten Sie Ihre Mäuseweisheit für sich."

„Sie hat recht", stöhnt der Elefant, „ich huste tatsächlich, weil ich etwas verschluckt habe."

„So, was haben Sie denn verschluckt?" fragt Doktor Schimmel.

Da sagt der Elefant: „Wenn ich mich recht erinnere, waren es sieben Tüten Kaubonbons und fünfzehn Bananen und drei Mantelknöpfe und eine Matrosenmütze und zwei Reisewecker und dreiundzwanzig Lederhandschuhe und acht Buttersemmeln und fünf Bierflaschen und neun Eintrittskarten und ein Wollsocken und sechs Rosensträuße und fünf Bratwürste mit Senf und zwei ohne und..."

„Halt!" ruft Doktor Schimmel. „Dann ist es ja kein Wunder, wenn Sie Bauchweh haben!"

Der Elefant bekommt wieder einen Hustenanfall. Danach sagt er: „Ach, soviel schlucke ich jeden Tag. Sonntags sogar dreimal soviel. Ich tue es den Leuten zuliebe, die mich hier im Zoo besuchen und füttern wollen. Weil sie meist keine anderen Leckerbissen bei sich haben, stecken sie mir zu, was ihnen in die Hände fällt. Wenn sie weggegangen sind, huste ich einfach alles wieder heraus, was ich verschluckt habe. Nur mit dem letzten Ding hatte ich Pech. Das ist mir sehr, sehr schlecht bekommen."

„Was war es denn?" fragt Doktor Schimmel.

„Es war ein Regenschirm", sagt der Elefant.

„Ich werde Sie jetzt untersuchen", sagt Doktor Schimmel. Er guckt dem Elefanten in den Hals, langt tief hinein, fühlt und tastet und sagt: „Es ist kein Wunder, daß Sie Beschwerden haben. Beim Husten ist der Regenschirm nämlich aufgegangen. Einen offenen Regenschirm werden Sie nie heraushusten können. Lassen Sie mich überlegen, was zu tun ist."

„Überlegen Sie bitte nicht zu lange, ich halte es kaum noch aus", stöhnt der Elefant.

Fräulein Maus tröstet ihn: „Nur Mut, Doktor Schimmel weiß immer Rat."

„Ganz recht", sagt Doktor Schimmel. „Mein Rat ist: Sie, Fräulein Maus, werden uns helfen."

Erschrocken ruft Fräulein Maus. „Einem Elefanten helfen? Ich? Ich bin doch viel zu klein!"

„Das ist ja Ihre Stärke", sagt Doktor Schimmel. „Sie

werden sich nämlich in den Elefantenmagen hinunterbegeben und dort den Regenschirm zuklappen."

„Dort komme ich nie wieder raus!" piepst Fräulein Maus entsetzt.

„Aus meinem Magen kommt alles wieder raus", sagt der Elefant.

„Aber, bitte, nicht husten", ruft Fräulein Maus. Sie klettert in den Elefantenhals und rutscht nach unten in den Magen. Dort hantiert sie so emsig, daß der Elefant leider doch einen Hustenanfall bekommt.

Er hustet. Und hustet. Und hustet – bis der zugeklappte Regenschirm im hohen Bogen herausgeflogen kommt... Und gleich hinterher fliegt Fräulein Maus.

Der Elefant holt tief Luft, dann sagt er: „Vielen Dank, Doktor."

„Bedanken Sie sich diesmal bei Fräulein Maus", erwidert Doktor Schimmel bescheiden.

Drei atemlose Gänse

„Der nächste, bitte", sagt Doktor Schimmel.
Fräulein Maus nimmt ihr Notizbuch und sagt: „Drei atemlose Gänse."
„Wo?" fragt Doktor Schimmel.

Und Fräulein Maus antwortet: „Am Teich."

Dort warten eine Menge Tiere, die Doktor Schimmel vorwurfsvoll empfangen.

Die Rehe beklagen sich: „Diese Gänse sind verrückt. Seit einer Woche rennen sie rund um den Teich!"

Die Vögel jammern: „Sieben Nächte haben wir nicht geschlafen. Diese Gänse rauben uns die Nachtruhe!"

Die Frösche stöhnen: „Die Gänse machen uns nervös!"

„Die Gänse sollen verschwinden!" rufen alle übrigen Tiere.

„Wo sind sie denn?" fragt Doktor Schimmel. Aber da sieht er sie schon.

Drei Gänse rennen atemlos und erschöpft hintereinanderher rund um den Teich herum.

„Sieben Tage? Sieben Nächte? Das muß einen Grund haben", meint Doktor Schimmel und überlegt.

Fräulein Maus überlegt auch und ruft dann: „Könnte es sein, daß sie Fangen spielen?"

„Wohl kaum", sagt Doktor Schimmel und überlegt weiter.

Fräulein Maus überlegt ebenfalls und ruft nach einer Weile: „Könnte es sein, daß sie um die Wette rennen?"

Doktor Schimmel schüttelt den Kopf, und Fräulein Maus grübelt weiter.

„Ich hab's!" ruft sie dann. „Die Gänse bewachen den Mond!"

Doktor Schimmel sagt: „Unsinn, der Mond hängt fest am Himmel."

„Nein, er schwimmt dort im Wasser", sagt Fräulein Maus.

Doktor Schimmel antwortet: „Das ist sein Spiegelbild. Ich glaube, die Gänse haben Sie auch schon ein wenig verwirrt, liebes Fräulein Maus. Zerbrechen Sie sich nicht weiter Ihren kleinen Kopf. Ich werde der Sache jetzt auf den Grund gehen."

„Ach bitte!" rufen alle Tiere.

Doktor Schimmel geht zum Teichufer und wartet, bis die erste Gans vorbeikommt. Er ruft ihr zu: „Dürfte ich Sie einen Augenblick sprechen?"

„Keine Zeit! Keine Zeit!" ruft die Gans atemlos und rennt weiter.

Schon kommt die zweite.

Doktor Schimmel ruft: „Bitte, bleiben Sie stehen!"

„Wir wollen heim! Wir wollen heim!" ruft die Gans. Dann ist sie weg, und die dritte kommt.

„Ihr lauft ja im Kreis herum!" ruft Doktor Schimmel ihr zu.

Atemlos antwortet die Gans: „Nein, wir laufen hintereinanderher!" Und sie ist verschwunden.

Gleich darauf ist die erste Gans wieder da. Sie ruft: „Wir haben uns nämlich verlaufen!"

Ihr folgt die zweite Gans und ruft: „Aber die Krähe hat uns einen guten Rat gegeben!"

Dann kommt die dritte Gans und ruft: „Sie hat gesagt: Lauft einfach hintereinanderher, dann findet ihr heim!"

„Ihr habt das falsch verstanden", sagt Doktor Schimmel. Doch die drei Gänse hören nicht zu. Atemlos rennen sie weiter, immerzu hintereinanderher, rund um den Teich herum.

Doktor Schimmel geht zu den anderen Tieren zurück und fragt: „Weiß jemand, woher die Gänse stammen?"

Das Kaninchen weiß es: „Die Gänse stammen von einem Bauernhof neben dem Hügel hinter dem Teich."

„Dann werde ich sie dorthin bringen", sagt Doktor Schimmel. Er geht wieder ans Teichufer und wartet, bis die erste und zweite und dritte Gans an ihm vorbeige-

rannt sind. Dann rennt er hinterher. Er rennt dreimal oder viermal zwischen den Gänsen um den Teich herum, bis er so atemlos ist wie sie.

Fräulein Maus ruft ihm zu: „Nun haben die Gänse Sie auch verwirrt!"

Doktor Schimmel gibt keine Antwort. Er läuft jetzt geradeaus durch das Gras auf den Hügel zu, und die drei Gänse laufen hintereinander hinter ihm her.

Nach einer Weile taucht Doktor Schimmel allein wieder auf und sagt: „Alles in Ordnung! Die Gänse befinden sich wohlbehalten daheim im Stall."

Da bedanken sich die Tiere, und das Kaninchen sagt: „Niemand ist so schlau wie Doktor Schimmel. Schon gar nicht die Krähe."

Ein trauriger Esel

„Der nächste, bitte", sagt Doktor Schimmel.

Fräulein Maus guckt in ihr Notizbuch und sagt: „Ein trauriger Esel."

Um den Esel steht es schlimm. Er ist sehr, sehr traurig. Er steht bereits in einer Pfütze von Tränen, die er geweint hat. Und er läßt den Kopf tief hängen.

„Warum sind Sie denn so traurig?" fragt Fräulein Maus voller Mitleid.

„Weil ich ein alter Esel bin", schluchzt der Esel.

Doktor Schimmel sagt: „Das ist doch kein Grund, so viele Tränen zu vergießen. Na gut, Sie sind eben ein Esel. Dafür ist Fräulein Maus eine Maus."

„Das ist etwas ganz anderes", sagt der traurige Esel. „Wenn die Leute sagen: ‚Kleines Mäuschen', dann machen sie ein freundliches Gesicht. Wenn sie sagen: ‚Alter Esel', dann sehen sie böse aus. Warum? Ich verstehe das nicht. Darum bin ich so traurig."

Der Esel läßt viele neue Tränen fließen.

Doktor Schimmel runzelt die Stirn und denkt nach.

Ehe er etwas sagen kann, mischen sich ein Schwein, eine Ziege, eine Kuh und eine Gans ein, die sich versammelt und zugehört haben. Sie rufen: „Uns geht es ebenso wie dem Esel. Darum sind wir ab sofort ebenso traurig."

Schon weinen sie um die Wette.

Das Schwein schluchzt: „Die Leute sagen immer: ‚Dreckiges Schwein'."

Die Ziege heult: „Sie sagen immer: ‚Dumme Ziege'."

Die Kuh seufzt: „Und sie sagen: ‚Blöde Kuh'."

Die Gans schreit: „Manchmal sagen sie auch: ‚Dämliche Gans'."

„Bitte, beruhigen Sie sich doch", ruft Doktor Schimmel. „Sie haben ja recht, wenn Sie sich beschweren. Es ist sehr unbesonnen von den Menschen, so etwas zu sagen. Wir Tiere wissen es besser."

Und er sagt zum Esel: „Wir wissen alle, daß Sie viele gute Eigenschaften haben. Zum Beispiel sind Sie fleißig, anspruchslos und genügsam."

Der Esel nickt stolz und sagt: „Ja, das bin ich."

Doktor Schimmel wendet sich an das Schwein und sagt: „Auch über Sie ist nur Gutes zu berichten. Wir wissen, daß Sie besonders sauber, verträglich und gelehrig sind."

Das Schwein nickt geschmeichelt und sagt: „Ja, das bin ich."

Nun ist die Ziege an der Reihe. Doktor Schimmel sagt: „Von Ihnen wissen wir, daß Sie sehr gelenkig, sportlich und ungemein ausdauernd sind."

Die Ziege nickt zufrieden und sagt: „Ja, das bin ich."

Jetzt kommt die Kuh an die Reihe. Zu ihr sagt Doktor Schimmel: „Es ist eine Freude, etwas über Sie zu sagen. Sie sind gutwillig, friedfertig und geduldig."

Die Kuh nickt freundlich und sagt: „Ja, das bin ich."

Zuletzt sagt Doktor Schimmel zur Gans: „Auch Sie haben sehr viel Gutes. Sie sind adrett und wachsam. Und Sie sind eine Schönheit."

Die Gans reckt den Hals und sagt: „Ja, das bin ich!" Dann rufen der Esel, das Schwein, die Ziege, die Kuh und die Gans vergnügt: „Nun sind wir wieder froh! Wie gut Sie uns verstehen, Doktor Schimmel!"

Doktor Schimmel sagt: „Ich verstehe alle Tiere so gut, weil ich, wie Sie wissen, ja selbst ein Tier bin."

„Ich auch!" ruft Fräulein Maus.

Da lachen die anderen und sagen: „Ja, Sie nettes kleines Mäuschen!"

„Der nächste, bitte", sagt Doktor Schimmel.

Fräulein Maus blättert ihr Notizbuch von vorn bis hinten durch. Dann guckt sie hoch und sagt: „Es steht nichts mehr drin. Wir sind fertig."

„Dann wollen wir uns jetzt ausruhen", sagt Doktor Schimmel, „es war wieder ein anstrengender Tag."

Weitere Bücher von Margret und Rolf Rettich
im Loewes Verlag

Tierpraxis Doktor Schimmel

Witz und Verve, Überraschung und Originalität versprühen diese amüsanten Tiergeschichten aus dem turbulenten Alltag eines ungewöhnlichen und einfallsreichen Tierarztes.

Friedchen Fliege: Der unfreiwillige Ausflug

Kleine Geschichten von kleinen Tieren – allen voran von Friedchen Fliege und Mia Mücke mit ihren absonderlichen Erlebnissen.

Friedchen Fliege: Abenteuer im Wald

Neue aufregende Abenteuer der kleinen Tiere von der Waldwiese, in deren Mittelpunkt diesmal Schorschi, die Schnecke, steht.